humanidades

poemas

priscila lima

humanidades
poemas

Belo Horizonte - MG
2021

Dados Internacionais de Catalogação na Publicação (CIP)
(Câmara Brasileira do Livro, SP, Brasil)

Lima, Priscila
humanidades : poemas / Priscila Lima. -- 1. ed. -- BeloHorizonte, MG : Priscila Augusta Lima, 2021.
82 p.;

ISBN: 978-65-00-26922-2

1. Amor 2. Cultura 3. Infância 4. Natureza 5. Poesia brasileira 6. Sociedade 7. Violência – Mulheres I. Título.

21-   CDD-

Índices para catálogo sistemático:

1. Poesia : Literatura brasileira B869.1

Aline Graziele Benitez – Bibliotecária – CRB-1/3129

Dedicatória

*A todos os humanos que constroem
a solidariedade e a fraternidade.*

Agradecimentos

*Ao professor, escritor Ronald Claver por seu
incentivo, apoio e estímulo ofertados nas aulas
das Oficinas Literárias da OAP- UFMG.*

*A Juliana Lima Dias pela primeira leitura e
organização.*

A Lívia Alves Lima pela sua arte na capa.

*Ao Igor Alves Lima pela ajuda na organização
dos poemas.*

*Às pessoas que participaram,
em qualquer medida,
na construção deste trabalho.*

Sumário

Códigos do amor

Quando te vi, a completude se fez

Eras a metade faltante

Senti tudo de uma vez.

Comigo também algo passou

Meu peito acelerou

Meu ar quase faltou.

Naquele mágico instante.

Minha alma regozijou

Neste laço envolvidos

Com a explosão das paixões

Sem corações partidos

Rumo ao mar de emoções

Caímos numa doce armadilha

Na confluência do amor

Sem esperar salvação.

Importa o amor vivido

Na trilha do coração

Outra

O tempo de gostar é agora

De querer bem

De não prometer e de fazer

De amar e de viver

A ausência de perfeição dita novos tempos

De amadurecimento de pessoas reais

Suas vidas do seu jeito

Cooperação e solidariedade

Sonho e realidade

A consciência do hoje

Gratidão por todas as coisas que posso fazer

Pelas possibilidades que tenho

De espantar os fantasmas

Que querem me assombrar

Correr e olhar pra frente

O hoje vai passando por nós

Vai transcorrendo e juntos construímos

novos momentos

Outros grupos, outras pessoas

outras amizades e amizades renovadas

As surpresas do cotidiano pedem escolhas

Ou seria tudo involuntário na corrente da vida?

Sendo do jeito que é mesmo não gostando

Você pode sorrir? Ver algo bom?

Pode preferir visitar os fantasmas no porão

Se assustar e ter pena de si mesma.

Ao Nonô

Pampulha foi maldita, um cachorro vira-latas
Depois patrimônio mundial
Belém –Brasília? Loucura.
Para que uma nova capital?
Uma cruz para a integração nacional.
Jurou no planalto deserto
Sem medo de chacais

O gigante Sayão tombou ao desbravar
A data ia ser cumprida
Índios, candangos e mulheres
Repetia a tal liberdade

Brasil um sonho vívido
O céu imitado pela Capela Cistina
Realização de muitos
Idealização dos três com persistência do líder
Inacreditável! Como foi possível!

Belíssima cidade- cidade da Esperança.

Aplausos e perseguição

Ele se foi

Ela ficou.

Simpatia

Para um amor verdadeiro e eterno.

Em noite de maré alta

Recolha dois ovos de cavalo marinho cor de rosa;

Misture estes ovos enquanto pica uma cebola roxa.

Você vai chorar e faz parte do processo.

Junte os dois ingredientes e

coloque em uma casca de noz moscada.

Atire a casca na direção leste do seu coração.

E aguarde...

Aguarde fazendo só o bem pelos próximos cem anos.

Impossível é uma palavra

Tente lembrar

Sua mãe te gestou durante nove meses

Te cuidou durante anos e anos.

Quem fez teu batismo?

Quem foi a sua primeira professora?

Quem foi seu primeiro médico na infância?

Quem te disse boas palavras na adolescência?

Quem te alimentou durante anos?

Quem te operou?

Quem cuidou dos seus dentes?

Quem cortou seus cabelos?

Quem te contou estórias?

Quem te incentivou?

Quem te acolheu em um momento difícil?

Diante de tantas pessoas que te ajudaram

durante tanto tempo e te esquecestes

Por que insistir em lembrar-se daquelas

que te agrediram por um momento?

Que te humilharam por um segundo

Por que esquecer as boas lembranças?

Não vou dar importância àqueles últimos

E reavivar os primeiros na memória.

Doar o tempo e o espaço para boas coisas

Boas lembranças.

Nova ordem

Mão por mão

Pé por pé

Olho por olho

Vingança?

Não

Salão de beleza.

Nós

Aqui, alguém, além

Ninguém.

Avante errante

Distante o bastante

É sua constante

Humanidades

Maria José e José Maria
Os dois juntos com seus farrapos
E um cachorro naquela esquina.

Poderia ser um país qualquer
Até um lugar que se abomina
Logo ali, ela se encantar por um vira-lata.
Foi sensível e insensata
Ele não conteve a sua ira.

Deixe disto, sua idiota!
Como pode olhar um cão e me desdenhar?
Me trocar por um quadrúpede,
Isto assim não vai ficar!

A plebe em torno, em transe,
Salivava sem parar
Vai ter sangue, não vai?
É só uma discussão, eu me vou.

José Maria sem prestígio, na fissura do crack.

Já sem forças, abraçou Maria José e o cão.

Foi babando e chorando pro seu colo.

Um breve momento de calma

Para tudo depois reiniciar.

Assim é

Sangue na menstruação

Sangue no parto

No quarto sangue

Morte no chão

Não é sua sina

O sofrimento da menina

Apunhalada pelo valor da pensão

O fato concreto

O valor retido

Anunciado com antecedência

Mostrou quem manda

Quem mata

Quem paga fiança

Quem desmanda

Ignora a criança

Agora já é outra

O crime prescreveu

Não pergunte o que aconteceu

Aquele nunca existiu

Foi só uma fantasia

Um pesadelo ruim

Só ela desapareceu

Ausência

Desci ao fundo da desilusão humana

Seres enrolados em dinheiro

Ganância e arrogância

Vestimenta mundana

Rica, tosca, pobre.

Depois a reclusão

Ausência de liberdade e culpa

Incompatível cara ou coroa

Apenas uma representação

Onde o encenador espera o pagamento

Não importa o tempo

Enquanto usam altivos

Aquele buraco no chão da cela

Indo do nada para lugar nenhum,

Ausência do ser.

Cataclismo

Foi isto que restou, depois do cataclismo de 2022.

Nos anos anteriores ninguém imaginou

Que teria saudade do último ano

O tremor foi intenso

engoliu a cidade e os arredores

Muitas gentes adentraram o interior da terra

Coisas, pertences, saldos bancários, carros e imóveis

Estão lá embaixo agora.

Sobre o chão, começa a brotar uma folha verde.

Estavam todos com muita pressa

Até as crianças

Só alguns animais tinham calma.

De repente tudo parou de fazer sentido.

Agora somos quatro: eu, o calendário,

a moça e o rapaz.

O cachorro nem latiu

Subiu flutuando

Mil desculpas

Para não escrever
Por não escrever
A vontade se foi
Não queria voltar
O tempo de fluir passou
As notas descaíram
Num triste face a face
De impotência total
Difícil prosseguir
Sem saber por onde ir
Sem um lume, uma luz
Sem rumo
No escuro de nós.

As meninas

Assim era toda semana
Caminhando pra mesma escola
Meus pais conheciam os pais dela
Uma esperando para levar a outra

Dela, nem o nome meus pais sabiam
Acho que nem eu
Era uma condutora distraída
E eu com a crise de asma

Meus pais falavam
Vai devagar com ela, menina,
Esta noite ela tossiu muito.
A outra dava de ombros
Nem ligava, parecia no mundo da lua
Um dia ela chegou mais cedo
Mamãe ainda me aprontava, toda arrumadinha
Minha mãe a fez entrar e me esperar

Ofereceu um copo de café frio

E um pedaço de mandioca

Eu vi pela fresta

Ela comeu o pedaço de mandioca

E em rápido lance

Atirou o jato de café pela janela.

Nem se alterou

Saímos e ela foi me levando

Eu com medo da tosse

Ela tranquila e desligada

E minha mãe recomendando

Vai devagar com ela, menina.

A gente nem se falava apesar da mesma idade
Ela parecia ter poder e seguia tranquilamente
Com o uniforme surrado e o sapato velho
Sem   recomendações   maternas
Com a segurança dos vencedores

Um par constante

As palavras são assim

Uma a frente outra atrás

Tinha uma que me perseguia

Ela era de lascar

Danada e faceira

Me empurrava os pensamentos

Lá para as bandas da praia

Quando eu conseguia conectar

Ela assoprava no ouvido: hora de voltar

Eu queria seguir

Ela tripudiava

Tinha dois nomes a louca

Desejo e proibição.

Mulheres Mães

Mãos que acalentam

Mães que abraçam

Mães que carregam

Mãos que lavam e passam

Mães que sorriem

Mãos que bordam

Mães que se maquiam

Mãos que dão adeus

Mãos que costuram e que desfiam um rosário

Mãos com calor, mães com amor.

Às vezes falam às vezes se calam

Muitas plantam, nem todas colhem.

Por vezes se defendem, noutras se ofendem.

Não raro toleram.

Levam na vida um sofrimento que é força
e que pode casar-se com a alegria.
Alegram-se pelo dever cumprido,
pela capacidade de fazer bem feito
Tecendo, usando as cores e flores,
fazendo os dias melhores.
Assim são elas.

Brasileiro

A força do Brasil é do pedreiro
É do marceneiro, do motorista, lixeiro
Doutor e professor
Polícia e plantador
É o meu povo verdadeiro
Expropriado pela mente velhaca
Que põe o alheio na casaca
Nunca desista povo brasileiro!
Estamos juntos nas estrelas!
O Brasil é maior que eles!
Quando estancar a sangria
Cantaremos com alegria
Nossa grandeza, nossa paz.

O fim da Babilônia

Quis o acaso que aquele portal azul

Me visse lado a lado com o passado

E o futuro

Ele me levou, me conduziu até ali

Foi uma viagem tensa

Areias que invadiam as estradas

Ele tenso, país estrangeiro

Regras definidas

Eu deslumbrada com o deserto e tamanha gentileza

As tamareiras e um gostar maior

Se escondiam naquele convite

Nos deixamos fotografar

Sorrindo com amigos

O portal azul da Babilônia

Seus azulejos rupestres ao fundo

Tudo se foi

Ele se acidentou

Babilônia destruída

Sobrei com o coração partido.

Enlace de almas

Um amor grandioso, diferente
No comum, desilusões, paixões
No outro, sem encontro de corpos
Uma sensação de conhecer
De entendimento, de comunhão
Transcende o aqui agora
E também a explicação.

O mistério de Maria

O casal teve uma filha

Linda, delicada, uma princesa

Ninguém conseguiu explicar

A morte precoce do pai

A mãe só depois engravidou

No parto do filho se foi

Chegou um irmão negro

Houve estúpido incômodo

A menina tem nova casa

A madrinha e o padrinho

O irmão separado

Ficou com a avó paterna

Dona Plácida forte

Os irmãos dois caminhos seguiram

Repetiu-se a ceifa

O padrinho faleceu e depois a madrinha

Foi ela, com treze anos, morar no pensionato

Caramba Carambola

São Roberto não tem bola

Foi no campo do Gouveia

Pedir bola por esmola

Depois trabalho na fábrica de tecidos

Uma mocinha linda

Agora já na capital

Casa de estranhos conhecidos

Outro pensionato

Filha de Maria e do Sagrado coração

Encontrou Diógenes e Augusta

Terceira dupla de pais

Conheceu um namorado

Resolveram se casar

Ela com dezenove ele com trinta e dois

E deram ao mundo dezessete filhos

Filho atrás de filho

Dificuldades mil

O amor e o apego uniam mais o casal

Meninos comilões

Brigas e pouca roupa

Ela cozinhava como uma chef

Veio um baque inesperado

Perda do filho querido

Afogou-se na lagoa

Parte dela se foi

Depois uma filha

Um carro atropelou

Depois mais um filho

Foi levado em acidente

Muito sofrimento

Reerguer-se, cuidar dos outros

Filhos crescendo, agitação

Descontrole alimentar

Na flor da maturidade

Dois derrames intercalados

Pelo cansaço de tudo

Foi o que respondeu

Acamada por doze anos

Sem poder andar ou falar

O companheiro junto todos os dias

Banhando e cuidando

Sem reclamar, só rezando

Até que um dia

No sábado de Aleluia

Saiu do quarto aos prantos

O que iria fazer?

Filhos consternados

Então alguém falou

Olha que dia é hoje

Dia da ressurreição!

Ver o invisível

Mesmo com a ameaça de chuva

Todos se preparavam

Maratona da apresentação

Alunos, professores, um convidado cego

A ênfase da maioria era no visual

Power point e vídeos

Prontos para a largada

Início da aula

Instante de começar e queda de energia

A iluminação desapareceu

E agora que fazer?

Equipamentos e pessoas desligados

A lição foi prática

A única pessoa que pode dar andamento

Foi aquela diferente

Lendo em voz alta seu texto com as mãos

Levando adiante os que enxergavam e não viam

Criação

Vamos juntos colocando ideias no papel
Não resista ao que nervos e músculos
estão a te obrigar
Mão amiga vai ligeiro
Antes que a matreira desatenção
Roube os incensos da fronte
E perturbe a exposição
Vem de dentro uma coisa
Sem rumo e sem destino
Vai como um menino
Saltando e parando
Sangrando e estancando
Uma forma de criação
Como mãos canavieiras
Cortando e apanhando
Marcando e tateando
O destino ensimesmado
Que ousou aparecer

Amor em palavras

Por vezes em uma multidão

Encontramos pessoas com grande sensibilidade.

Mostram-nos um amor puro.

Sentimento de bem querer, querer ao outro bem.

Só por bem querer.

Que fascinante!

Elas buscam abraçar o outro

Dizem vai com Deus!

Estamos próximos.

Estamos juntos.

Falam-nos com seu sentimento e com palavras!

Você está bem?

É muito bom estar com você

Ave

Olhei pro céu e vi

Lá no último galho

Uma maritaquinha verde

Distraída observando

Sem perceber o esboço de um sorriso

Um toque de esperança

Um rasgo de equilíbrio

Vontade de voar

Avião e imaginação

Um beija flor veio ao lado

Fez o seu trabalho e se foi

O bem te vi continuou anunciando o entardecer

O tempo também foi passando

Deserto

Tudo ficou estéril

De repente não pude escrever

O lápis travou, as palavras se esconderam

Fui atrás na maratona

Difícil conseguir concluir

O ócio não existia, só uma corrida

Em busca de si

Em vão

Quando chegar

Será o fim

Fim de quê

Eu não sei

Escolhas

Se a fé lhe diz, creia

Se a lógica duvida, reflita

Se o ceticismo emerge, veja os acasos

Entre estas e outras opções

Desenvolva-as, se quiser.

Atestado

Você como está?

Algum desvio da normalidade hoje?

Metódico, Impulsivo, Colérico, Benévolo

Cuidado... pode entrar na casa verde de Bacamarte

Diante de algo muito diferente

Teria coragem de contar?

Daria as caras,

Enfrentaria a gólgota?

Atiraria a primeira pedra?

Então és normal.

Recordação

Uns dias a saudade aperta
As lágrimas descem na face
Queria um abraço um cheiro
Então abafo no travesseiro

Chegam lembranças da infância e juventude
Ela revirando minhas coisas
Buscando sonhos para proteger
Tudo por seu amor...
Nas coisas dele ninguém toca!
Pela memória viva que eterna
Do seu querido idolatrado.
Ele se foi ela ficou
O seu lugar marcado, por ela está ocupado.
Depois ela foi para o voo.
Soltou as amarras, libertaram-se!

Um belo presente

Clara estação com perfumes sutis

Oferta de buquês gentilmente aos passantes

A multidão pode recebê-los.

Basta levantar os olhos e enchê-los de cores e odores.

Os visitantes, no entanto,

baixam os olhos para as tecnologias digitais

Há breves comentários sobre o rosa e o

amarelo do alto das árvores

Uma esperança ressurge cada vez

que as pétalas colorem as calçadas

E uma criança ao pisá-las pergunta:

de onde elas vieram?

Escrever é pensar

É penar

E   pesar

E prazer

E prensar

Apressar

Pressionar

Impressionar

Imprimir

Deprimir

Primar

Deixar ir

Seguir

Várias interpretações

Válidas interpretações

Vãs interpretações

Instantes

Pássaros, calangos, borboletas

Os bichos que via na infância

Elas sempre espertas

As amarelinhas e as amarelonas

Se entrassem pela janela todas juntas

Eu tentaria pousá-las na minha mão

Fazendo mágica

Seria um espetáculo de cores e movimentos

As zebradinhas, as 89, a ziguezague

A Príncipe Negro, a mais rara de todas

Batem as asas e voam

Como tudo...

Escrever ou passear?

Ir a Israel, Turquia, Grécia
Por que não? Realizar sonhos
Moscou, linda, e a Sibéria?
Caribe e Paraty
Peru e Rio de Janeiro
O exterior pode ser perigoso
Ir para o interior
De Minas, de mim
Lá cuidar dos brotos
Dos filhos, dos pequenos
Sonhos

Flores dos Ipês

Quando eles florescem

Os enigmas são decifrados

Pelas flores pelas cores

O que é alegria?

Quem deu a ordem?

Ele veio na minha janela

Contar que o amarelo é ouro vegetal

Que se distrai com o beija flor e a cambaxirra

As maritaquinhas e os bem te vis.

Bateu asas o colibri.

Sem motivo

Sem que nem por quê
A letra me veio
Nem reta nem rota
Só queria seguir
Expressão que diz
Por vezes o que não quis
Nas entrelinhas do afago
Na rouquidão da voz
O corpo não quis dormir
Acordou e obrigou a escrever
Libertando a onda
Dissolvendo na tinta
Letras cambaleantes
Passos de ideias tontas

Desvario da nota

Querendo se aquecer

Tentando esquecer

Sendo lembranças

Coçando por dentro

Bilhões de neurônios

Inúmeras ligações

Certas ou enganosas

Buscando a todo instante

O interior da presença

O componente essencial

Necessário para existir

No torvelinho das vielas

Entre idas e vindas.

Viver

Quero vida
Nós queremos viver
E não sobreviver
Já demos o nosso sangue
Depois o nosso leite
Nosso trabalho extenuante
Nossas noites
Sonho e sono
Nossa crença ingênua
Esta tortura consome
Até o acorrentado fugia
Se disser eu mando
Pranteamos a alegria.

Contrassenso

Do portal da Babilônia cinzas

Do farol da Alexandria pó

Das tamareiras à beira do Tigre e do Eufrates

Ramas secas e cartuchos

Fragmentos de bombas adubam a terra

Como uma burca negra as cidades silenciaram

Não venta nas palmeiras

Nem borbulha o óleo no chão

Faces tristonhas contemplam

O sol maior do oriente

Tristeza e conflito

Morte e destruição

Qual era mesmo o objetivo?

A eliminação das bombas que não existiam

Agora as crianças choram com fome de pais e mães

A resposta do poder

Tudo que se fez foi para evitar destruição e mortes

As Jovens

Joana D'Arc foi uma

Deodorina foi outra

Muitas versões

Um fato, sertão, fogo

A faca o sangue

A bala certeira

Os galhos na fogueira

O medo deles

A coragem delas

Deixa queimar aquela

Depois ocultamos a outra

Quanto tempo passou?

Aconteceu hoje

Vidas

Quantas vidas você teve...
Chorou, ficou triste, foi à escola
Aos treze não se conteve
Independência e sorte
Vendendo beleza e bijuterias
Escrevendo recados e poesias.
Viu a foice passar
Desviou o olhar para os livros
Que leve maravilha
Pavimentando a trilha
Como pode gostar
Ficar em primeiro lugar
O essencial foi ler ter alimento e roupa
Da vontade de crescer e estudar
Percurso esperado
Por alguns admirado
Quantas vidas você teve...

Emprego e trabalho, casamento, casa

Da vontade de crescer e estudar

De novo a ceifa

E também as alegrias de viagens

Lindas aves, paisagens

A terra é linda

Filhos, livros, deserto

Pandemia e a ceifa

Quantas vidas você teve?

De ler só por ler

Só uma

Casas desmontadas

Eu se fosse outra casa,

Não gostaria de estar no campo.

Concordo... é tranquilo,

silencioso e mesmo maravilhoso,

Mas gosto do burburinho da cidade,

das pessoas, dos carros.

Dão a impressão de proximidade, compartilhamento.

Eu estive montada no campo.

Aprecio a brisa, os insetos.

Os pequenos animais se aproximavam

fazendo cócegas em mim.

Me faziam companhia quando me deixavam vazia.

Quando as pessoas saíam,

eu ficava sem noção de nada

Não era eu, até elas aparecerem para me alegrar.

Na cidade os insetos têm que ser exterminados.

Eu não ligo pra eles.

Mesmo sabendo que contribuem
para o equilíbrio do ecossistema.
Acho melhor quando as pessoas saem
Deixando a TV ou o rádio ligado
e as cortinas abertas
É bem divertido. Afinal ninguém quer ficar
trancada em si mesma, não é?

O meu dono era um intelectual que gostava de livros
Mesmo assim eu já sabia como interagir com ele.

Lá no campo, com as saídas de minha dona,
o vento entrava pelas janelas abertas.
Escutava os pássaros e era atravessada
pelas crianças e pela vizinhança.

Quer saber? Perguntou a branca intelectualizada
para a amarela poética.
O mais importante são as pessoas que vivem em nós.
Elas nos habitam, nos transformam.
Ainda que quebrem aqui ou ali,
também se preocupam em preservar.

Os adolescentes passavam e batiam
minhas portas durante o dia,
Depois à noite choravam em um canto.
Iam do riso ao choro, da tristeza à alegria
num abrir e fechar de janelas.
Você abrigou um adulto, não sabe como é.

Que bobagem! Ele também batia a porta

Especialmente quando não conseguia

ler e escrever coisas no papel

E também chorava à noite.

Porque, eu não sei.

Mudava do cimento para a água

quando chegavam amigos.

Enfim isto não importa, eu o protegeria de todo jeito

Espaço e tempo

Espaço grande, espaço pequeno

Mede-se com régua, metro, quilômetro

A criança mede correndo

Se é grande, corre mais

Se é menor, corre menos

E o espaço virtual

A biblioteca em um chip

Ler livros na sua ausência

Para o espaço compartimentado

O tempo tem consequências

Fracionado em segundos

Se começar a pensar

A tela imperiosa se esvai

Ordena a repetição

Ser livre

Liberdade um ar de um tempo antigo

Quando as pessoas se uniam e se indignavam

Com a sangria dos impostos

O sangue foi derramado

Foi o preço para falar, andar e viver

Agora ficou difícil definir esse jeito de ser

Somos livres com as câmeras?

Com os controles nas mãos?

Com os impostos a mais de um quinto?

Liberdade precisa ser reconstruída

Terra

Vivo aqui e dizem que é azul
Poucos a viram de pertinho do alto
Nas fotos da estação espacial
Ela é redonda e se move

Dentro dela mora o mundo
Tudo o que nele se passou
Tudo o que por ele passou
Séculos, arquivos, calor.
Nas rochas, águas e plantas
Bichos e pessoas

Dança com o sol e a lua
Seus parceiros queridos
Com mistérios e segredos

Quer ficar maravilhado?
Adentre suas águas
Sejam rios ou mares
Peixes, golfinhos, baleias

Ou então vá pra Savana
Girafas, elefantes, leões
Calma e agitação
Indo para os polos e Sibéria
Ursos brancos misturam a neve
E o panda, que dizer!
Obras de arte vivas
E os humanos com cores
Andando sobre dois pés
Construindo cidades

Mas não percebe o pequeno arrogante

Que esta esfera celeste

Registra e contém tudo que fomos

O que fizemos

E o que deixamos de ser e fazer

Vai rodando e se renovando

Quer a plenitude do ser

Ficção Espacial

Em um país distante
A população só crescia
Então os governantes
Decretaram política fria

Um filho por casal
De preferência masculino
Meninas seriam um mal
Relegadas ao destino

Contrariando a política
Os meninos cresceram
Quiseram se apaixonar
Porém faltavam meninas
Para com eles namorar

E a nova geração?

Acordos foram feitos

Até a noivas no estrangeiro

Prometeram algum dinheiro

Mudança política

Meninas são necessárias

Agora podem ser o primeiro

Ou segundo filho do casal

Uma grande conclusão

Momento de reflexão

Tenhamos tempo e sorte

Pois só estão levando meninos

Para colonizar Marte

Bumerangue de plástico

O homem amava o plástico
Muito usava e descartava

As aves e os peixes
Estes resíduos comiam
Também contaminando a água
Que os animais bebiam

Do plástico na dieta
Quase ninguém sabia
O plástico não amava ninguém

Formas e cores

A lua é redonda e clara

Eu vi no céu

O sol também é e brilha

Os planetas são redondos

Com anéis gases e luas

O ovo arredondado com gema e clara

A roda com seus aros

O bambolê da princesa

A terra colorida também, com certeza!

Foi o que filmou a Estação Espacial.

Sobre a autora

Priscila Lima é psicóloga e escritora, natural de Belo Horizonte. Atualmente é voluntária na Pastoral da Acolhida em Belo Horizonte.

É autora dos livros:

Educação inclusiva e Igualdade Social, 2006.

Educação Inclusiva: indagações e ações nas áreas da educação e da saúde, 2010

Viver é mais perigoso para as mulheres? 2018

Contatos com a autora pelo e-mail:
humanidadespoemas45p@gmail.com

www.ingramcontent.com/pod-product-compliance
Lightning Source LLC
LaVergne TN
LVHW051502170726
843492LV00002B/769